AF330456

COUP D'ŒIL

SUR

LE REMBOURSEMENT

D'UNE DETTE PUBLIQUE,

SES PRÉLIMINAIRES

ET SES CONSÉQUENCES.

Par L. G.

Prix : 75 centimes.

SE TROUVE

Chez DELAUNAY, Palais Royal, Galeries de Bois,
Et MONGIE aîné, Boulevard Poissonnière.

1824

COUP D'OEIL

LE REMBOURSEMENT
D'UNE DETTE PUBLIQUE,

SES PRÉLIMINAIRES ET SES CONSÉQUENCES.

> L'Histoire est un témoin et non un flatteur, et le seul moyen d'obliger les hommes à dire du bien de nous, c'est d'en faire.
>
> *Pensees de Voltaire.*

LE voile est levé : après une incertitude de trois mois, qui tenait l'esprit public dans un état de contention et d'anxiété, dont il est loin d'être délivré, le Gouvernement a pris ses mesures pour le remboursement de la dette publique : la même main qui, dans des temps de fureur et d'agitation, avait dépouillé des deux tiers la fortune de ses créanciers, et *consolidé* irrévocablement le tiers restant, veut dénaturer son origine sous un règne paternel, calme, et de retour à la justice ; en imposer le remboursement, ou une réduction de revenus, sans indemniser ou jeter un regard sur la spoliation primitive, qui est une des plaies les plus profondes de la révolution.

C'est principalement et presque exclusivement à Paris, berceau de mille systèmes financiers évanouis où renversés ; à Paris, où l'on a établi un mode de crédit admirable, pour la perfection duquel il serait à désirer de voir réunir la coopération et la confiance des départements, que ce remboursement trouve des approbateurs.

Il ne nous appartient point de blâmer, et nous n'aurons pas la témérité d'approfondir les conséquences d'une mesure si essentiellement importante : nous présumons le vaisseau de l'État dirigé par des mains aussi habiles qu'exercées ; mais la mesure n'étant point sanctionnée, il est permis à l'esprit national de développer la sollicitude et l'attention éveillées par la possibilité de ses conséquences ; et c'est, au contraire, dans la confiance de la profonde sagacité et des hautes lumières des ministres de Sa Majesté, que nous ne craignons pas de mettre sous les yeux du public des documents authentiques.

C'est dans l'histoire de ce peuple, dont on ne se lasse point de former avec nous, plus ou moins justement, des points de comparaison, ou d'offrir l'imitation des exemples à suivre, que nous puiserons ces documents, qui peuvent fixer l'attention du moment : ils sont textuellement et fidèlement extraits de l'histoire peu reculée de ce même peuple, qui doit à sa longue expérience sa supériorité sur nous en exploitation financière, et l'art de diriger le ressort qui fait mouvoir les États.

Cet opuscule renferme une analyse de ce qui s'est passé en Angleterre, sous Georges Ier, il y a cent ans aujourd'hui. Nous la présentons au public sans autre prétention que l'expression des sentiments nationaux que devrait éprouver envers notre belle patrie tout cœur français, si jamais il pouvait voir renouveler dans sa patrie les effets que produisit en Angleterre, en 1798, la mesure énergique que prit le célèbre Pitt, dans un moment de crise, de prohiber, sous les peines les plus graves, l'échange des billets de la Banque contre du numéraire, mesure qui fournit au crédit public la consistance et l'élan le plus vigoureux, au lieu de l'anéantir, comme il en serait en France, et qui procura, en Angleterre, les ressources colossales et nécessaires pour fournir les énormes subsides qui la firent sortir triomphante de la lutte la plus difficile comme la plus impétueuse.

Georges Ier revint de ses états d'Hanovre le 14 novembre 1719, et fit l'ouverture de la session de son Parlement le 23, par un discours aux deux Chambres, où il annonçait que la Grande-Bretagne se trouvait à la veille d'être délivrée des calamités de la guerre, par l'heureuse influence des armes et des conseils britanniques. Il engagea la Chambre des communes à concerter les moyens les plus convenables pour opérer une diminution des dettes de la nation, et terminait son discours par le panégyrique de son gouvernement.

L'invitation du roi à la Chambre des communes, de prendre des mesures pour diminuer la dette publique, n'était que le prélude du fameux *acte de la mer du Sud*, qui devint un fléau, par la confiance aussi aveugle qu'obstinée que l'on mit dans sa réalisation. Le plan en était projeté par sir *John Blunt*, qui, destiné au notariat, joignait à l'habileté une souplesse et une hardiesse de caractère compatibles avec l'exécution d'une entreprise pareille. Il communiqua son projet à **M.** Aislabie , chancelier de l'Échiquier, ainsi qu'à l'un des secrétaires d'État. Il répondit à toutes les objections qu'ils purent lui faire; et son plan fut adopté. Leur intérêt particulier , ainsi qu'ils le prévoyaient , ne pouvait qu'être favorisé par l'exécution de ce dessein , qui fut communiqué au nom de la Compagnie de la mer du Sud , dont Blunt était le directeur , et avait un ascendant sur tout ce qui s'y traitait. Le but avoué de l'opération était de réduire la dette nationale , en centralisant en un seul fonds public tous ceux en circulation. La Banque et la Compagnie de la mer du Sud rivalisèrent , pour faire l'opération , à l'envi l'une de l'autre. Enfin , la Compagnie de la mer du Sud , sortant de ses statuts originaires , offrit au gouvernement des conditions si avantageuses , que les propositions faites par la Banque furent rejetées; et il fut arrêté qu'un bill serait présenté à la Chambre des communes , conforme au plan proposé par la Compagnie de la mer du Sud. Pendant que cette affaire se discutait , les fonds de cette Compagnie prirent l'énorme accroissement de 130 à près de 400 , par suite du rejet , à la Chambre des communes , de la motion faite d'établir dans le bill une clause tendante à fixer la part qu'auraient , dans les capitaux de la Compagnie , les propriétaires d'annuités qui seraient en même temps actionnaires volontairement , ou bien , en d'autres termes , au gré de leur choix , combien d'années d'acquisition en argent on leur tiendrait compte en faisant la souscription. A la Chambre des lords (1720) , le bill fut combattu par les lords North et Grey , le comte Cowper , les ducs de Wharton , de Buckingham , et autres pairs du royaume : ils prétendirent que les calculs établis sur les résultats de l'opération étaient la ruine de la généralité pour enrichir quelques personnes , et la fureur aussi déplorable que trompeuse de jouer sur les fonds publics , qui détruisait , chez les peuples , le génie du commerce et de l'industrie ; qu'elle fournirait à des *étrangers* la possibilité de doubler et tripler des sommes considérables , et que par suite ils pourraient être tentés de transporter leur capital et leurs immenses profits dans d'autres pays , et qu'ainsi la Grande-Bretagne se trouverait épuisée de son or et de son argent ; que la hausse factice et prodigieuse des fonds de la Compagnie de la mer du Sud n'était qu'une amorce fatale , qui entraînerait les personnes inconsidérées et sans expérience à se dessaisir des fruits de leur industrie , par l'appât trompeur du gain , pour courir après des richesses imaginaires ; que l'augmentation d'environ 3o millions sterling de capital donnerait à la Compagnie de la mer du Sud une force de moyens qui pourraient compromettre les libertés de la nation, en pouvant influencer aux élections sur une forte partie, si ce n'est la totalité des nominations des membres de la Chambre des communes , et diriger par la majorité les décisions de la Chambre. Le comte Cowper fit observer que dans les marchés passés par les membres de l'administration avec le public , ceux-ci avaient un devoir imposé , qui était de rendre ces sortes d'affaires plus favorables à l'État qu'aux particuliers , et que l'on avait suivi une marche opposée dans le contrat passé avec la Compagnie de la mer du Sud ; car, en admettant que les fonds restassent au taux exorbitant où les artifices trompeurs de l'agiotage les avaient portés , cette Compagnie ou ses principaux adhérents profiteraient de plus de trente millions , dont le quart ne contribuerait point à la décharge de la dette publique. Il prévoyait que le rachat des annuités serait inséparable de difficultés inouïes; et, en pareil cas, il ne voyait de bénéfice, par l'exécution du projet , que pour quelques personnes dans le secret, qui déjà avaient acheté à bas prix , et vendraient à la période de la plus forte hausse. Le comte de Sunderland répliqua à ces objections : il déclara que ceux qui favorisaient le projet de la Compagnie de la mer du Sud n'avaient en vue que l'avantage de la nation ; qu'il avouait, à la vérité, que les directeurs de la Compagnie , soit pour eux ou leur corporation , avaient véritablement la perspective d'un gain particulier , mais que ni les uns ni l'autre n'avaient pu prévoir que les fonds eussent atteint le taux élevé où ils étaient montés ; que , s'ils fussent restés comme ils étaient , le public aurait retiré la part la bien plus avantageuse résultante du projet accepté , et que dès lors , s'ils se maintenaient au haut prix actuel ; il était juste et raisonnable que la Compagnie de la mer du Sud profitât des avantages que lui avait procurés la sage et industrieuse administration de ses directeurs , qui, la mettant à même de faire de forts dividendes, remplissaient par ce moyen les intentions de l'opération projetée. Le bill passa , sans amendement ni division, et reçut la sanction royale le 7 avril.

Par cet acte parlementaire , la Compagnie de la mer du Sud était autorisée d'acheter , soit par acquisition ou souscription , les dettes inaliénables de la nation , montant à seize millions cinq cent quarante-six mille quatre cent quatre-vingt-deux livres sterling sept schellings un sou , à l'époque qui lui paraîtrait la plus convenable à ses intérêts, à partir de la date du traité jusqu'au 1er mars de l'année suivante, 1721, aux prix et conditions qui seraient établis entre la Compagnie et les propriétaires, et sans user de contrainte ni influence envers ces derniers. Elle était également autorisée à se charger des dettes aliénables, qui se montaient à la même somme que les inaliénables, soit par acquêt, en faisant des souscriptions, ou en imposant des sacrifices aux créanciers. Afin de pouvoir se procurer les moyens convenables pour se charger de la dette nationale, en augmentant ses capitaux en conséquence, la Compagnie consentit à maintenir au taux de cinq pour cent leurs annuités actuelles, et celles à venir jusqu'à la saint Jean d'été de 1727, après quoi elles seraient réduites à quatre pour cent, et rachetables par le Parlement. En considération de cet avantage, et d'autres concessions spécifiées dans l'acte, la Compagnie se constitua engagée à faire à la recette de l'Echiquier les paiements nécessaires, et désignés pour être applicables à la décharge de la dette publique, telle qu'elle était grevée à l'époque de Noël 1716. La somme nécessaire à la Compagnie pour payer les dettes aliénables à sa charge, quatre ans et demi des annuités à courte échéance et à terme qui seraient souscrites, et l'achat d'un an de celles des longues annuités, auxquelles on ne souscrirait point, se montaient, pour l'exécution de l'acte, à environ sept millions sterling.

Pour procurer à la Compagnie les moyens de lever une pareille somme, elle obtint la faculté de faire des appels de fonds à chacun de ses membres, et d'ouvrir des livres de souscriptions, de faire circuler des annuités, rachetables par la Compagnie, de faire des emprunts sur tel engagement ou contrat quelconque revêtu de son sceau privé, ou sur le crédit de ses capitaux, de convertir en fonds additionnels les fonds à faire à chacun de ses membres, sans néanmoins augmenter les annuités de la Compagnie, payables en sus du service public. Il fut stipulé que la portion de la dette publique qui serait éteinte primitivement avec les premiers fonds versés à l'Echiquier, serait celle portant l'intérêt de cinq pour cent, échue avant le 25 décembre de 1716, et qui, par décisions antérieures du Parlement, pouvait se racheter, soit de suite ou jusqu'au 25 décembre 1722; que le surplus des sommes existantes serait applicable à amortir d'autant les fonds levés par la Compagnie à l'intérêt de cinq pour cent. Enfin, il fut arrêté qu'après la mi-été 1727, la

Compagnie ne serait point remboursée en sommes moindres que d'un million sterling à la fois.

Les chefs de l'Assurance royale et de l'Assurance de la ville de Londres, ayant appris que la liste civile se trouvait en souffrance d'un déficit, offrirent aux ministres six cent mille livres sterling pour couvrir cette dette, sous condition d'obtenir la chartre royale avec la sanction parlementaire pour l'établissement de leurs compagnies respectives. La proposition en fut acceptée par le roi, et fit l'objet d'un message à la Chambre des communes. Le bill d'adoption passa immédiatement. Il mettait à même Sa Majesté d'accorder aux deux Compagnies leurs lettres capitulaires de constitution, qui leur furent aussitôt remises par le roi; et le 11 juin eut lieu la clôture des Chambres.

Cette époque peut être considérée comme celle à projets de fortune, reposant sur l'esprit vénal des chances et du hasard, fruit naturel de l'avarice, de la mauvaise foi et de la dissolution qu'avaient introduites dans la société les grandes compagnies entreprenantes et financières du jour. Cette ère est la plus pénible à tracer pour l'historien, qui ne peut présenter au lecteur probe et éclairé que le tableau aride et révoltant, sans couleur et sans action, du plus vil intérêt et de la dégénération.

Ce fut aussi à cette époque que se conclut l'alliance offensive et défensive entre le roi Georges et la reine de Suède, par laquelle Sa Majesté britannique s'engageait à envoyer dans la Baltique une flotte pour agir contre le Czar moscovite, dans le cas où il ne voulût point consentir à des propositions raisonnables de paix. Cette résolution suscita les plaintes les plus élevées de la part du Czar. Mais à la suite de diverses négociations et de l'élévation, au trône de Suède, du prince de *Hesse*, qui épousa *Ulrique*, sœur de Charles XII, tous les différends s'aplanirent, et Georges Ier se rendit dans ses états d'Hanovre. C'est pendant qu'il s'y trouvait enveloppé dans un labyrinthe de négociations, que l'opération de la Compagnie de la mer du Sud produisait dans son royaume une espèce de délire national sur tous les esprits. *Blunt*, le créateur de cette affaire, avait voulu calquer son plan sur celui de Mississipi de Law, qui, l'année précédente, avait eu un résultat si funeste en France, en faisant la ruine totale de plusieurs mille familles de ce royaume. Le système de Law présentait au moins quelque apparence de plausibilité, ne fût-ce que les avantages que l'on se promettait d'un commerce exclusif avec la Louisiane, quoique cette perspective fût anéantie par la folle spéculation qui tournait toutes les têtes. L'opération dite de la mer du Sud, au contraire, n'offrait aucun avantage commercial de quelque importance : elle n'avait pour soutien que la frénésie et la rapacité des individus, qui les aveuglèrent au point que *Blunt*, avec des talents médiocres, parvint en imposer à la nation tout entière, et à ne faire des autres directeurs que des instruments propres à l'exécution de ses intentions et de celles d'un très petit nombre de ses associés. Quand le *Meneur général* s'aperçut que les fonds de la Compagnie de la mer du Sud ne haussaient point au gré de ses désirs, après que le bill eut passé aux Chambres, il fit circuler le bruit que Gibraltar et le port Mahon devaient être échangés contre d'autres places dans le Pérou, et qu'au moyen de ces mesures, le commerce d'Angleterre dans la mer du Sud serait protégé et prendrait de l'accroissement. Ce bruit, répandu par ses émissaires, agit avec la rapidité de l'éclair. En cinq jours les directeurs remplirent une souscription d'un million, au taux de trois cent livres sterling pour cent livres de capital. Une quantité de personnes de tout rang et de tout état se portèrent en foule aux bureaux de souscription, à tel point que la première liste excédait de deux millions sterling le fonds d'origine. En peu de jours la hausse se porta jusqu'à trois cent quarante livres sterling l'action, et l'on vendait les souscriptions le double du prix du premier achat.

Sans entrer dans les détails, ni vouloir expliquer les menées scandaleuses qu'on employa pour favoriser la valeur de ces fonds publics, et duper les gens inconséquents qui s'y fiaient, nous nous bornerons à observer qu'en promettant des dividendes considérables, et autres assertions fallacieuses, on parvint à porter l'action au prix de mille livres sterling, et à infecter la nation d'un esprit de *fièvre agiotique* portée au plus extrême degré. La contagion se répandit sur tous, sans distinction de parti, de religion, de sexe, ni de caractère : les allées de la bourse se trouvaient encombrées par un concours étrange et prodigieux. Hommes d'état, ecclésiastiques, religionnaires, anglicans et non conformistes, Whigs et Thoris, médecins, hommes de loi, marchands, et même une multitude de femmes s'y précipitaient : professions et emplois étaient négligés, sauf ceux relatifs à la frénésie à la mode, qui occupait et berçait de projets chimériques toutes les têtes. À cette époque l'on vit chaque jour de nouvelles compagnies s'élever, et s'appuyer de la première noblesse.

Le prince de Galles fut constitué gouverneur de la Compagnie galloise. Le duc de Chandor parut à la tête de la Compagnie des bâtiments d'Yorck. Le duc de Bridgewater en forma une troisième, avec l'entreprise des Constructions à Londres et à Westminster. Cent entreprises de cette nature furent faites pour la ruine de milliers de personnes. C'est ainsi que les sommes levées par de tels expédients se montèrent à 300 millions sterling, ce qui faisait plus que la valeur de toutes les terres de l'Angleterre. La fièvre à la hausse et l'esprit de vertige s'étaient emparés de la nation au point que l'on croyait fermement aux plus extravagantes absurdités. C'est ainsi qu'un individu très obscur prétendit être l'inventeur d'une spéculation certaine et avantageuse, sans toutefois vouloir en faire connaître la nature; et en proposa une souscription par actions, en promettant qu'après l'écoulement d'un mois, il mettrait à jour et donnerait connaissance de son projet avantageux ; mais qu'il promettait, en attendant, que tout individu qui ferait de suite l'avance de deux guinées de prime, aurait droit à une souscription de cent livres sterling, qui, infailliblement, rapporterait annuellement la même somme. En une matinée cet aventurier reçut le montant de mille livres sterling de primes par ce moyen, et le soir même prit la fuite pour un autre pays.

Le roi, avant son départ, avait adressé un manifeste contre ces manœuvres illégales et scandaleuses, et par suite de cette proclamation les lords de la haute justice rejetèrent toutes les pétitions qui avaient été présentées pour obtenir des chartes et patentes. Le prince de Galles renonça à la Compagnie dont il avait été nommé directeur. L'affaire de la Compagnie de la mer du Sud avait fait naître une ambition si insatiable de vil intérêt et d'extravagants espoirs, que les directeurs eux-mêmes se trouvaient, contre leur opinion, entraînés par son impétuosité. Mais Blunt et ses complices dirigeaient seuls le gouvernail. Le délire prévalut jusqu'au 8 septembre, jour où les fonds commencèrent à fléchir; et c'est de ce moment que plusieurs des faiseurs parurent s'éveiller du sommeil léthargique où les avait plongés un esprit de vertige et de cupidité. Le nombre des vendeurs croissait chaque jour : le 29 du même mois, le cours était tombé à 150. Plusieurs maisons de banque et riches bijoutiers, qui avaient fait de fortes avances sur les fonds, furent contraints de suspendre leurs paiements et de prendre la fuite. La rapidité du torrent entraîna tout ce qui se trouvait devant lui, et un grand nombre de familles furent écrasées par une ruine complète. Le crédit public eut à soutenir l'épreuve la plus rude. La nation tout entière se trouvait jetée dans un état inquiétant de trouble, et l'on n'entendait de toutes parts que cris de douleur, de regrets et de désespoir. Comme plusieurs des principaux membres du ministère se trouvaient compromis dans les transactions scandaleuses de la Compagnie de la mer du Sud, aussitôt qu'ils s'aperçurent du désastre et de la baisse journalière des fonds, ils employèrent toute leur influence près de la Banque pour qu'elle soutînt le crédit de cette Compagnie. La Banque consentit, quoique avec répugnance, de fournir à la Compagnie trois millions cinq cent mille livres sterling, au taux de quatre pour cent, qui lui seraient remboursables à l'époque de la Notre-Dame et de la saint Michel de l'année suivante 1721. Cette transaction fut dirigée par M. Robert Walpole, qui, de sa propre main, rédigea la minute de la convention, connue ensuite sous le nom de *Contrat de la Banque.* L'on ouvrit un emprunt à la Banque pour le maintien du crédit public, et des sommes immenses d'argent y furent apportées. Au moyen de cet expédient, l'on fit d'abord remonter les fonds, et ceux qui avaient médité ce fléau ne manquèrent point d'en profiter pour réaliser. Mais l'effet de la faillite de plusieurs joailliers et d'une forte compagnie, par suite de la baisse primitive du crédit et des fonds de la Compagnie de la mer du Sud, portaient une si grande foule à la Banque, que les sommes à rembourser s'écoulaient plus rapidement que celles que l'on pouvait faire rentrer par l'emprunt; ce qui fit fléchir de nouveau le cours des fonds de la Compagnie, et les directeurs de la Banque, craignant alors de se trouver entraînés dans sa ruine, renoncèrent au marché fait avec elle, et que réellement ils n'étaient pas tenus d'exécuter; car de la manière dont avait été dressé cet acte, il n'était qu'une esquisse grossière d'un arrangement ultérieur à prendre, sans formes, ni restrictions, ni conditions, ni obligations. Tous les moyens ayant échoué, la rumeur publique augmentant chaque jour, l'on expédia des courriers à Hanovre, en représentant au roi l'état de la nation, et en sollicitant son prompt retour en Angleterre, ce qui le détermina à ne pas prolonger le séjour qu'il se proposait de faire en Allemagne, et il arriva dans son royaume le 11 novembre. Le Parlement fut convoqué pour le 8 décembre, et Sa Majesté y exprima la douleur qu'elle ressentait de voir la triste position des affaires qui avaient profondément attaqué le crédit public. Il demanda très instamment à la chambre des Communes d'aviser aux moyens à prendre les plus convenables pour le rétablir et le fixer sur des bases durables. La Chambre basse était trop intéressée à cet objet pour ne pas le prendre en prompte considération. Les membres parurent mettre de côté toute distinction de parti, et, à l'envi l'un de l'autre, sollicitèrent une enquête aux fins de rendre justice à la nation outragée par les manœuvres dont on avait fait usage. Il fut ordonné aux directeurs de rendre compte de leur gestion. Sir John Jokyll fit la motion qu'un comité soit désigné pour prendre connaissance des transactions faites. M. Walpole, payeur général, observa qu'en agissant ainsi on retarderait l'enquête, pendant que le crédit national demeurait dans une position effrayante ; il proposa un plan pour le relever, qui fut adopté par les deux Chambres et confirmé par le roi ; et un autre bill fut sanctionné, qui portait défense aux sous-Gouverneurs, Directeurs, Trésoriers, Caissier, Sécretaire, et tout comptable de la Compagnie du Sud, de quitter le royaume jusqu'à l'issue de la prochaine session du Parlement, et d'aliéner ou déplacer leurs propriétés quelconques. Un comité secret fut désigné par le sort, avec la charge d'examiner les livres, papiers, gestion, et tout ce qui concernait l'exécution de l'acte dit de la Mer du Sud.

La Chambre des lords ne témoigna pas moins d'empressement que celle des communes pour décréter l'enquête, malgré qu'il y eût dans les deux chambres divers membres qui se trouvassent impliqués dans les coupables et infâmes transactions que l'on avait faites. Le comte de Stanhope voulait que les biens des criminels, soit directeurs ou non, fussent confisqués, en réparation des pertes du public. Il fut secondé dans sa motion par lord Carteret, et même par le comte de Sunderland. Le duc de Wharton déclara qu'il abandonnerait à lui-même son plus grand ami, s'il le soupçonnait coupable. Il observa que la nation avait été spoliée d'une manière infâme, et que, dès lors, il fallait punir les coupables, quels que soient leur rang et leur considération. L'on fit paraître à la barre de la Chambre le sous-gouverneur, le député, les directeurs et officiers de la Compagnie de la mer du Sud ; et par suite l'on décréta leur interdiction de tout emploi, soit dans leur Compagnie, celle des Indes Orientales ou la Banque de France. Trois agents de change furent également appelés, et firent les plus précieuses révélations. Le trésorier de la Compagnie délinquante, qui avait le secret et le mot d'ordre de l'affaire, crut convenable de se soustraire en quittant le royaume. A la même époque le comité secret, nommé à cet effet par la Chambre des communes, lui fit la communication que ses recherches lui avaient fait découvrir la trame la plus infâme que l'enfer puisse produire pour ruiner une nation, et qu'en temps convenable il en déroulerait le fil sous les yeux de la Chambre. L'on prit provisoirement la mesure de se saisir de la personne et des papiers des directeurs et principaux officiers de la Compagnie de la mer du Sud; un ordre du Cabinet prescrivit de saisir les livres et papiers de Knight, Surman et Turner. L'on arrêta sir John Carwell, sir John Blunt, sir John Lambert, sir John Fellews, et M. Grigsby. Sir Théodore Jansen, M. Sawbridge, Sir Robert Chaplain, et M. Eyles furent expulsés de la Chambre des communes et enfermés. M. Aislabie donna sa démission de son emploi de Chancelier de l'Echiquier et lord de la trésorerie, et l'on donna ordre de déposséder de toute place quelconque du gouvernement, les directeurs de la Compagnie de la mer du Sud.

La première Chambre, dans le cours de son examen, découvrit que de fortes sommes en fonds de la Compagnie avaient été concédées à des personnes attachées à l'administration et à la Chambre des communes, pour faire passer le fameux bill qui avait autorisé son organisation. Elle proclama cette action corruptrice et immorale, et que les directeurs, qui avaient fait acheter, au moment de la plus forte hausse, de fortes masses de fonds pour le service de la Compagnie, sous prétexte d'en soutenir les prix, avaient prévariqué, étaient coupables de dol et de fraude, et, par l'abus de confiance, avaient amené la crise qui avait dévoré le crédit public. Beaucoup d'autres mesures de sévérité furent prises contre cette infâme fédération de duperies, dans lesquelles, au surplus, l'innocent fut confondu avec le coupable. Sir John Blunt ayant refusé de répondre aux interrogatoires qu'on lui adressait, un débat violent eut lieu à la Chambre, pour savoir quelles mesures de traitement l'on emploierait à son égard. Dans ces discussions, le duc de Wharton en faisant l'application que le gouvernement des meilleurs princes devenait souvent intolérable, étant dirigé par de mauvais Ministres : le comte de Stanhope prit cette allusion pour lui, et saisi d'une vive irritation, parla avec tant de véhémence en défendant le ministère, qu'un violent mal de tête le força de se retirer. Les remèdes parurent le rétablir; mais dans la soirée du lendemain, il tomba dans un état de léthargie, en

éprouvant une forte suffocation, et expira presque subitement.
Le roi fut vivement affecté de la perte de son ministre favori,
et appela, à sa place, lord Tonwshend à remplir les fonctions
de secrétaire d'Etat : l'autre secrétaire d'Etat, M. Craggs, ne
survécut que peu de jours au comte de Stanhope. Knight,
caissier de la Compagnie, fut arrêté à Tirlemont, par les
soins et la vigilance de M. Gandot, secrétaire de M. Leathes,
consul anglais à Bruxelles, et on l'enferma dans la citadelle
d'Anvers. On fit la demande à la cour de Vienne de pouvoir
disposer et transférer ce prisonnier; mais il avait trouvé le
moyen d'intéresser en sa faveur les Etats de Brabant, qui
insistèrent sur le privilége qui leur était dévolu de ne laisser
sortir, ni juger ailleurs qu'en Brabant, tout criminel quelconque saisi chez eux. La Chambre des communes exprima
son indignation du refus que l'on faisait sur des prétentions
aussi frivoles ; et l'on renouvela des instances auprès de l'em-
pereur d'Autriche; mais, pendant cet intervalle, Knight s'é-
chappa de la citadelle d'Anvers.

Le comité secret, qui continuait ses opérations, découvrit
qu'avant qu'aucune souscription eût pu être faite à la Compagnie de la mer du Sud, déjà les directeures avaient ficti-
vement disposé d'un fonds de 547,000 liv. sterling pour faire
passer le bill en leur faveur : cette somme avait été en grande
partie distribuée entre le comte de Sunderland, M. Craggs
l'aîné, la duchesse de Kendal, la comtesse de Platten et ses
deux nièces, M. Craggs le secrétaire, et M. Aislabie, chancelier de l'Échiquier. Par suite du rapport du comité, la
Chambre prit de sévères mais justes mesures contre les directeurs et officiers de la Compagnie de la mer du Sud.
M. Stanhope, l'un des secrétaires de la Trésorerie, accusé dans
ce rapport d'être muni de fortes sommes et de souscriptions de
la Compagnie, demanda à se justifier ; sa demande lui fut
accordée, et l'affaire ayant été discutée et jugée, il fut ac-
quitté, à la majorité de trois voix. Knight avait disposé de
50,000 livres sterling pour l'usage du comte de Sunderland ;
une forte partie des membres composant la Chambre prirent
fait et cause de cet incident, et il s'ensuivit de virulentes
altercations : toutes les forces du ministère étaient réunies
pour défendre le comte ; la majorité déclara son innocence,
et cependant l'opinion générale de la nation était contraire
à ce jugement. Le comte de Sunderland se désista de sa place
de commissaire de la Trésorerie, qui fut donnée à M. Robert
Walpole ; mais il ne perdit point la confiance du souverain.

Quant à M. Aislabie , l'évidence fut tellement démontrée de
sa coopération , que la Chambre des communes déclara qu'il
avait participé à l'exécution scandaleuse et nuisible du plan
de la Compagnie , au profit de son propre intérêt , et qu'il en
avait combiné la suite fatale et destructive avec les directeurs,
pour ruiner le crédit public ; il fut chassé de la Chambre et
renfermé à la Tour. M. Craggs l'aîné mourut de léthargie ,
avant d'être porté à la censure de la Chambre publiquement ;
mais il fut néanmoins reconnu et déclaré , à son égard , qu'il
avait trempé, de concert avec Robert Knight et les directeurs,
dans les manœuvres sourdes et scandaleuses qui avaient eu
lieu ; et conséquemment la confiscation de tous les biens
qu'il avait acquis depuis le 1er décembre de la présente
année , fut prononcée , pour le produit en être appliqué au
soulagement des malheureuses victimes de la Compagnie de
la mer du Sud. Conformément aux ordres de la Chambre ,
les directeurs furent tenus à donner l'inventaire de toutes
leurs propriétés , qui furent confisquées par un acte du Parlement , pour répondre des pertes occasionées par la Compagnie, en stipulant une indemnité proportionnelle à chacun,
suivant les circonstances et sa conduite.

Après avoir ainsi disposé de la fortune des coupables, la
Chambre des communes avisa aux moyens de réparer les
préjudices que cette affaire scandaleuse avait pu produire.
La tâche était d'autant plus difficile à remplir , que l'on ne
pouvait favoriser les uns sans sacrifier les intérêts des autres.
Le Parlement fut prorogé pour deux jours seulement, après
quoi le Roi se rendit en personne à la Chambre des pairs, pour
déclarer qu'il ne les avait convoqués aussi précipitamment
que pour les mettre à même de prendre de suite en considération la position du crédit national. La Chambre des Communes procéda de suite aux mesures réparatrices nécessaires
à prendre : après une multitude d'entraves , de transactions
et accommodements très difficiles à concilier , pendant la
discussion desquels une foule de pétitions arrivaient aux
Chambres , des comtés , villes , bourgs de tous les points du
royaume, demandant justice contre l'infâme conduite des
directeurs , l'affaire entre la Compagnie de la mer du Sud et
le public fut conciliée , grâce aux résolutions énergiques du
Parlement ; la fermentation populaire se calma , et le crédit
national se rétablit après avoir été ébranlé par la secousse
la plus fatale. Telle fut l'issue des mesures financières, com-
binées entre le ministère anglais et une compagnie puis-
sante.

Les désastres qui en résultèrent, de 1720 à 1721, pourront servir de leçons et de prévoyance. C'est le seul but qui nous a dirigé, en en exposant les calamités et le précis exact et détaillé au public. L'heureuse étoile qui paraît planer sur la France, et les lumières de ses gouvernants; nous mettront sûrement à l'abri des fléaux dont nous avons fait le fidèle tableau. C'est notre vœu le plus sincère.

FIN.

IMPRIMERIE D'H. TILLIARD, RUE DE LA HARPE, N°. 78.